Blick zurück... 2019

Jeden Monat des Jahres konnten die Mitglieder des intern. Literatur und Künstlerforums Garten der Poesie, die eingereichten Werke öffentlich bewerten. Die höchst bewerteten Beiträge wurden in diesem Jahrbuch zusammengefasst.

Ich danke allen Beteiligten für ihren Einsatz im Interesse einer stetig wachsenden Forum Gemeinschaft.

Januar 2020   Bernd Rosarius
                                   (Administrator)

Garten der Poesie

Blick zurück... 2019

Lyrische Blüten verwelken nie!

Bibliografische Information der Deutschen Nationalbibliothek:
Die Deutsche Nationalbibliothek verzeichnet diese Publikation in der Deut-
schen Nationalbibliografie; detaillierte bibliografische Daten sind im Internet
über http://dnb.dnb.de abrufbar.

© *2020 Garten der Poesie* **(Herausgeber: Bernd Rosarius)**

Bilder/Fotos/Texte: Garten der Poesie **(Namen der Autoren, auf**
der Cover-Rückseite)
Coverbild: **Marlis Daneyko**

Herstellung und Verlag: BoD – Books on Demand, Norderstedt

ISBN: 978-3-7504-9344-5

Inhalt:

Inhalt:

Inhalt:

November: Geschichten am Kamin

Dezember: Weihnachten bei uns zu Haus

Das Bild des Jahres

In Memoriam

Januar:

Sei gegrüßt 2019

Januarnachmittag

Es scheint die Sonne hoch am Himmel,
herunter auf den weißen Reif,
noch fern das lebhafte Gewimmel,
trotz Sonnenstrahl ist alles steif.

Es regt sich spärlich die Natur,
der Maulwurf macht sein Häufchen nur
und um des Futterhäuschens Fülle
durchbricht Gezwitscher diese Stille.

So friedlich hat der Januar,
sich um mich ausgebreitet,
ich hoffe, dass im neuen Jahr
so auch der Friede uns begleitet.

© Roland Rothfuß

Freudestrahlend

Mitten im Jahreswechsel leuchtete der Himmel fröhlich bunt, wie ausgelassene Kinder die unbefangen ihre Freude zum Ausdruck bringen. Lautstark begrüßten aufsteigende Raketen das frischgeborene neue Jahr.

Da entstand ein Gespräch zwischen den Monaten im Kalender. Freudestrahlend leuchtete der erste Januar sichtbar, als hätte er als Einziger alle Fäden in der Hand. Ohne je ein Wort gesagt zu haben, tauchte eine Wortmeldung mitten aus dem Kalender empor. "Wir, ja wir, sind die besten Monate des Jahres!" sagten der Juni, Juli und der August. "Wir bringen den Menschen Vorfreude auf den Sommer und sie planen ihren Urlaub in uns. Bei uns haben sie es so richtig gut." Da vereinte sich spontan Januar mit dem Februar und beide antworteten zugleich. „Bei uns dürfen sich Mensch und Natur entspannen, sich zur Ruhe begeben, um sich zu erholen, in uns ist bedachteres Leben." Der März er war verschwiegen und wusste er wird siegen. In ihm keimt seit Gedenken das frische Leben. Da ließ der Mai verlauten: " Ich danke dem April, denn er bringt hervor, was sich in voller Schönheit präsentieren kann. Was er vollbringt, darf sich in seiner ganzen Schönheit ausbreiten. Es blüht und grünt sichtbar, weit überall. Ich bin der Hoffnungsmonat, in uns reift ein wachsendes Leben."

"Da lachen ja die Hühner", sagte der Oktober und erwähnte die Erntezeit. "Mich nennt man den goldenen Oktober da ich der Welt ein besonderes Licht zu geben vermag." Er räkelte sich, als sei er ein stolzer Hahn. Der April grinste und verwies stolz auf seine Launen, die ihm zugesprochen wurden. Nicht zu wissen, was er wirklich will, nur weil das Wetter sich bei ihm in jedem Augenblick anders zeigen kann. Wissend, dass es das gesamte Kalenderjahr im puren Leben genauso ist. Still schwieg der November, und jeder spürte diesen Moment der lauten Stille. Man spürte wie schwer es ihm fällt, diese Dunkelheit ertragen zu müssen, was einige Augenblicke anhielt.

Da bricht es aus dem Dezember heraus, der mit einem Lichterglanz erstrahlen darf. Es legte seinen Arm um den November und sprach:" Freunde wir sind doch alle in einem Jahr vereint und jeder ist mit der Zeit befreundet, da sie uns begleitet. Jeder hat seine eigene Zeit, und es geht weiter. Wir sind wie Brüder und Schwestern und wissen doch selbst nicht, wie sich jeder einzelne Monat jahraus, jahrein offenbaren kann. Eines ist sicher, am Ende hat jeder seinen Beitrag gegeben, so gut er es konnte, je nach den Begebenheiten. Es liegt an euch mit welcher Ehre ihr euch selbst wahrnehmt und euch einbringt. Sei bitte nicht traurig, lieber November, auch wenn du nicht zu Wort gekommen bist", sagte auf einmal die Zeit, welche das gesamte Gespräch mitbekommen hatte. "Weißt du, in deinem

Monat wird sehr viel bewegt. Da kommt die Natur, und auch die Menschen zur Ruhe. Sie sind so vom Licht geblendet, wie ihr euch eben alle ins Licht gesetzt habt, sodass auch die Menschen sich vor der Dunkelheit fürchten. Die Dunkelheit an sich ist auch ein wahres Ereignis. So wie heut´ Nacht, wo tausende Menschen mit Euphorie das neue Jahr empfangen und gleichzeitig begrüßen. Damit werdet ihr allesamt mit begrüßt.

Es gibt auch jene, denen das Spektakel Angst bereitet, da es ihnen viel zu hell und zu laut erscheint. Aufscheuchend erlebt es die Tierwelt, die dem mit ausgesetzt ist. Wie gut, dass nicht jeder Tag so gebührend gefeiert wird, und man sich auf einen einzigen Tag beschränkt." Die zwölf Monate umarmten sich, "wir sind eine große Familie", und dankten der Zeit, dass sie alle mit ihren weisen Worten, und auch die Dunkelheit wohl bedachte. Damit entschwand auch das alte Jahr und ward nun am Sternenhimmel in die Ewigkeit hinein geboren. Die noch kurz verbleibende Nacht legte ein Tuch des Schweigens aus, um einen frischen Neujahrsmorgen zu präsentieren. Die Freude flatterte wie ein Schmetterling in den Neujahrsmorgen und sicherlich begegnest auch du ihr immer wieder aufs Neue, wenn Monat für Monat sich aneinanderreiht.

© Petra-Josephine Schmidt

Hallo 2019

2019 ich grüße dich,
du bist jetzt da, umarme mich.
Versuche schnell uns zu verstehen,
welche Pirouetten wir auch drehen.
Sei ein Freund und nicht ein Feind,
sei mit uns im Glück vereint,
führ uns freundlich durch dein Jahr,
sei für alle Menschen da.
Du sollst uns diesmal wirklich geben,
ein Stück Hoffnung hier im Leben.

© Bernd Rosarius

Die Sorge der Zeit

Noch liegt es in den Windeln
das kleine neue Jahr,
das uns die Zeit um Mitternacht
mit Angst und Schmerz gebar.

"Wie werden sie es nehmen,
wie gehn sie mit ihm um?
Bekommt es Halt und Liebe
oder bleibt die Menschheit dumm?"

© Sabine Brauer 1.1.2019

Februar

Närrische Zeit

Wo sind die Clowns?

Fröhlichkeit ist heute schwer.
Die Menschen lachen heut nicht mehr.
Der Ernst des Lebens ist gekommen.
Wer lacht wird nicht mehr ernst genommen.
Wir müssen starr und finster blicken.
Kein Lächeln mehr und kein Entzücken.
In ist, wer ganz ernst dreinschaut.
Dann bin ich doch viel lieber out.

© Michael Jörchel

Wir tragen bunte Masken

Wir tragen bunte Masken,
hier und überall.
Sind auch die größten Narren,
nicht nur im Karneval.
Die Erde ist die Bühne,
das Leben unser Stück,
und wenn die letzte Maske fällt,
bleibt nichts davon zurück.

Bild und Text © Sabine Brauer

Rosenmontag

Rosenmontags – Feierei.
Mittendrin - nicht nur dabei.
Heute nun ist dieser Tag,
den der Jeck so gerne mag.
Um sich ans Feiern zu gewöhnen,
fließt Alkohol reichlich in Strömen.
Ein paar Schnäpse dann ein Bier,
an der Theke stehen wir,
von innen sind wir schon ganz warm,
und nehmen den Nachbarn in den Arm.
wir singen laut ein Stimmungslied,
ein Liedchen, das wohl immer zieht.
Immer schriller wird der Klang,
wir steigern uns mit dem Gesang.
Die Hemmungen gehen schnell verloren,
wir fühlen uns wie neu geboren.
Wir lieben heut die ganze Welt,
wir denken nicht ans schnöde Geld,
auch Probleme gibt es nicht,
nur immer Küsschen ins Gesicht.
Wir kennen heute keine Sorgen
und denken nicht an Morgen.
Jubel, Trubel, Heiterkeit,
in Pappnasen verklärter Zeit.
Nur Freunde gibt es jetzt und hier.
Du und ich und ihr und wir.
Alaaf, Helau, wie man es nennt,
es sei uns heute auch gegönnt.

Die Wahrheit schlägt ganz kräftig zu
Kommen wir morgen erst zur ruh.
Hat der Alltag uns dann wieder,
und spüren wir die Last der Glieder
was bleibt als Hoffnung für uns da?
Die Freude nur auf nächstes Jahr.

© Bernd Rosarius

März

Frühlingsboten

Emsiges Streben

Ein Schneeglöckchen reckt sich anmutig empor,
ein Krokus nickt stolz mit dem Kopf in die Runde,
ein emsiger Maulwurf schiebt munter hervor
die lockere Erde aus tieffeuchtem Grunde.

Die Spatzen und Meisen, die plustern sich auf,
erfreu'n sich der wärmenden Märzsonnenstrahlen,
am Haselstrauch schwanken die Kätzchen zuhauf,
und Alles möcht' gern sich im Frühlingslicht aalen.

So bringt die Natur nun mit machtvollem Drang,
nach Wochen der Ruhe vielfältiges Leben,
die Vögel, sie singen mit herrlichem Klang,
der Frühling beginnt nun sein Kleid sich zu weben.

© Roland Rothfuß

Kleine Wiesenelfe

Mit seinem schönen Blütenkranz,
so zart und voller Eleganz,
wie eine Elfe, klein und fein,
tanzt es im Frühlingssonnenschein.

So zierlich, doch so voller Kraft,
blüht es jetzt mit Leidenschaft
es ist als ob die Wiese lacht,
glücklich über diese Pracht.

Den kleinen Stengel stolz gestreckt,
schaut es mit seinem Köpfchen keck,
fröhlich in die Welt hinein,
das kleine Gänseblümelein.

© Sabine Müller

Frühlingszauber

Hinter der Dämmerung verborgen,
die sich in graue Schleier hüllt,
erwacht ein junger, neuer Morgen,
vom Frühlingszauber schon erfüllt.

Ein zartes Morgenrot im fahlen Grau
und weiße Nebel, tanzend schweben,
der Himmel licht, blass noch sein Blau,
der Tag erwacht zu neuem Leben.

Hellsilbern glänzt der Morgentau,
der Frühlingswind weht leis und sacht,
der Milan ruft im Himmelsblau,
die Sonne streichelt sanft und lacht.

Ein stilles Ahnen in der Luft,
es knospet, zwitschert, jubiliert
bald strömt ein zarter Blütenduft,
der seinen Zauber nicht verliert.

Die Welt sie ist voll Sonnenschein,
ist voller Wärme, voll Gesang,
der Frühling, was kann schöner sein,
ich sage meinem Schöpfer Dank.

© Marlis Daneyko

April

**April, April,
ich mache was ich will**

April

Träumende Natur

Noch träumt die Natur
ihren Wintertraum.
Gibt Fantasien und
Illusionen Raum.
Genießet noch der
Ruhe kurze Frist.
Wird bald schon von
der Sonne wach geküsst.
Zu Ende ist was
einstmals Winter war.
Sie bietet munter
neuen Reichtum dar.
In Flora, Fauna all die weil
und auch die Seel
nimmt daran teil.

© Hano

Was macht der Has´?

Er zupft dem Kätzchen Haare aus
und macht sich lange Pinsel draus.
Mit diesen Pinseln malt er dann
die Ostereier herrlich an.

Die Hasenmutter sitzt am Weiher
und formt dort Schokoladeneier.
Sie singt dabei und packt sie ein,
zu Ostern muss es fertig sein.

Die Großmama sortiert zum Fest,
die Gaben für das Osternest.
Sie ist behutsam und verspricht,
das sie die Eier nicht zerbricht.

Der Osterhasengroßpapa,
der kommandiert, wie jedes Jahr.
Er scheucht die Hasenkinder rum:
"Macht schnell, die Zeit ist schon bald um!"

Ist die Osternacht dann da,
bricht auf die ganze Hasenschar.
In jedem Garten, jedem Haus,
da suchen sie Verstecke aus.

Dort verbergen sie die Sachen,
die den Kindern Freude machen.
Ein tolles Überraschungsei,
ist selbstverständlich auch dabei!

Die Osterhasen, voller Glück,
kehren freudig nun nach Haus zurück.
Machen Urlaub bis zum nächsten Jahr,
und sind dann alle wieder da!

© Sabine Brauer

Ein Blütenbaum im Wasserglas

Ein Blütenbaum im Wasserfass.
leuchtet aus dem kühlen Nass.
Der blaue Himmel leuchtet still,
auch das kann der April.

© Marlis Dancyko

Gestaltung: Sabine Brauer

April, April...

April, April er weiß nicht was er will,
mal ist er laut, dann auch wieder still.
Es sprießt und gedeiht in allen Ecken,
ist ein Spieler, er will uns nur necken.

April, April sagen wir am ersten Tag,
jedoch nur der, der es auch selber mag.
Aprilscherze kommen aus dem Bauch
und sind ein uralter, bekannter Brauch.

April, April er weiß schon was er will,
nach Sonne und Regen ist es windstill.
Sein bester Freund, der fröhliche Wind,
schiebt seine Wolkenkinder geschwind.

April, April du kannst uns alle necken,
das wir die Nase aus dem Haus stecken.
Weckest das Leben mit all den Sinnen,
dein Jahresauftakt er kann beginnen.

April, April zeig dich in voller Pracht,
das ein jedes Herz, auch fröhlich lacht.
Schenke uns Sonne und den Regen
egal, was wir Menschen auch reden.

© Petra-Josephine Schmidt

April, April

Das Telefon klingelte in unsere sonntägliche Stille. Es war der 1. April und der Geburtstag meines mir angetrauten Mannes. "Schön, dass Du mich nicht vergessen hast", hörte ich ihn gerade sagen. „Ja es geht uns gut. Was sagst Du da? Wen hast Du in den April geschickt? Deinen Klaus, aha und so weit weg hast Du ihn fahren lassen, na dann wird sich seine Mutter über den unerwarteten Besuch ja freuen. "Heidi und Klaus waren unsere besten Freunde und unsere Freundschaft hielt bis heute, obwohl wir schon viele Jahre am Bodensee leben und sie überdauerte sogar einen Aprilscherz, der es in sich hatte. Ich hielt den Atem an als ich meinen Mann gerade sagen hörte: „Heidi, ich habe da so eine Idee. Wir könnten Euch heute besuchen kommen. Wir gehen zusammen zum Essen und danach in den Zoo was hältst Du davon?"

"Ja, kommt vorbei ich habe noch Weißwürste im Gefrierschrank, die werde ich gleich auftauen lassen. Bis dahin wird Klaus auch wieder zurück sein. Hast Du unsere Handynummer" wollte mein Mann von Ihr wissen „Nur für alle Fälle, gut also dann bis in etwa einer Stunde." Er legte auf und lächelte mich strahlend an, „Das ist der Anfang eines wunderbaren Aprilscherzes und Klaus wird sich sehr darüber freuen." Eine halbe Stunde später rief Heidi mich auf dem Handy an. Ihre Stimme sagte mir, dass sie sich auf uns freute. „Ich habe gerade einen

Kuchen eingerührt." Ich atmete tief durch. „Du solltest Dir keine Umstände machen Heidi, so war das nicht gedacht". „Ach lass mal, meinte sie, wir machen uns einen schönen Nachmittag und da gehört ein feiner Kuchen dazu." Wenige Zeit später klingelte erneut mein Handy. „Klaus ist zurück und freut sich auf ein Wiedersehen mit Euch. Übrigens, der Kuchen riecht schon lecker. Wir warten! Dann also bis später." Irgendwann rief ich sie an "Hallo Heidi wir sind da, hast Du den Kaffee schon aufgesetzt. Wo bleibt das Empfangskomitee?"

Heidi stürzte aufgeregt nach draußen, stand vor Ihrer Haustür, es war kein Auto zu sehen, es kam auch in den nächsten Minuten keines vorgefahren und es dauerte noch einige Minuten bis sie begriff, dass sie in ganz unverschämter Weise in den April geschickt worden war. Während Klaus sich ausschütteln wollte vor Lachen, wobei eine gehörige Portion Schadenfreude mitschwang, griff sie zum Telefon und ein zweistimmiger April, April besänftigte erst recht nicht Ihre Enttäuschung und Verärgerung über diese Gemeinheit, wie sie es ausdrückte. Es brauchte eine lange Zeit bis auch Heidi herzlich über diesen verrückten, geglückten Aprilscherz mit uns zusammen lachen konnte und wir uns einig darüber waren, dass es zwar ein übler, aber einer der besten Aprilscherze war.

© Marlis Daneyko

Mai

Der Mai ist gekommen

Maßgeschneidert

Geschneidert wird über Nacht
und als Tageswerk vollbracht.
Ohne Nadel und ohne Faden,
mit frischem Morgentau beladen.

Warteschlangen werden keine gesehen,
wenn kleine Wunder hier geschehen.
So ganz im Stillen und verborgenen,
grünt es mehr und mehr, jeden Morgen.

Es regen sich behutsam die Lebenssäfte,
vollbringen damit Phänomene Kräfte.
Das Prachtstück zum Erscheinen,
zartes Maigrün im Allgemeinen.

Es füllt sich so manch ein Traum,
wie die Blüten und Blätter am Baum.
Weit leuchtet die Botschaft hinaus,
lockt viele Menschen aus dem Haus.

Sie folgen der Einladung der Natur,
begeben sich wieder auf eigene Spur.
Ausgelassen fröhlich, wie dem auch sei,
im aufblühenden Wonnemonat Mai.

© Petra-Josephine Schmidt

Das Duett

Im Garten sitze ich mal wieder,
so gegen fünf Uhr ungefähr
und höre zu der Amsel Lieder,
sie klingen hoch vom Dachfirst her.

Wie schön doch diese Töne hallen,
sie geben Lebensfreude kund,
sie finden so sehr mein Gefallen,
dass ich gleich spitze meinen Mund.

Ich ahme nach ihr lautes Flöten,
die Amsel schaut verdutzt nach unten
und ist wohl kurz etwas in Nöten,
doch bald hat sie es überwunden.

Es pfeifen nun zwei im Duett,
erst kurz, dann immer länger,
mal ist es lieblich, mal kokett,
der Pfeifer und der Vogelsänger.

© Roland Rothfuß

Frühlingselfe Florentine

© Sabine Müller

Amors Lied

-Pantum-

Wenn jetzt die Katzen Kätzchen kriegen,
im schönen Wonnemonat Mai,
es wird wohl an der Liebe liegen,
das ist ganz sicher, zweifelsfrei.

Im schönen Wonnemonat Mai,
da liegt viel Liebe in der Luft,
das ist ganz sicher, zweifelsfrei,
das Bienchen liebt den Blütenduft.

Da liegt viel Liebe in der Luft,
hört nur wie´s im Herzen klingt,
das Bienchen liebt den Blütenduft,
so herrlich ist´s, wenn Amor singt.

Hört nur wie´s im Herzen klingt,
es wird wohl an der Liebe liegen,
so herrlich ist´s, wenn Amor singt,
wenn jetzt die Katzen Kätzchen kriegen.

© Sabine Müller

Maienwiesen

Es war der Löwenzahn
den mir der Maien brachte,
der mit tausend kleinen Sonnen,
in das Herz mir lachte.

Azurenblau das Himmelszelt
und hoch die Lerche steigt,
darunter leuchtet sonnengelb,
der Löwenzahn im Maienkleid.

Sein Gelb, das meine Sinne freut,
sein Grün, das Hoffnung bringt,
dass jedes frühe Jahr erneut,
die Lerche ihre Lieder singt.

© Text: Marlis Daneyko –
© Foto: Beate Daneyko-Mayer

Juni

Halbzeit

Am Meer in der Toskana

Hörst du das Rauschen der Wellen, den Wind,
riechst du das Meer, das Salz in der Luft?

Spürst du die Sonne, den streichelnden Wind?
Er bringt vom Land her den Pinienwaldduft.

Siehst du die Weite, die endlos erscheint,
fern wie die Träume es sind?

Lass alles los was dich engt was dich kränkt,
weil dann etwas Neues beginnt.

© Marlis Daneyko

Im Sommerwind

Im Sommerwind am Straßenrand,
ich wunderschöne Blumen fand.
Insekten schwirrten durch die Luft,
angelockt vom süßen Duft.

Ein Bild so voller Leichtigkeit,
das wohl ein jedes Herz erfreut.
Ehrfürchtig blieb ich davor stehen,
denn herrlich war es anzusehen.

© Sabine Brauer

Am Lautersee

Es liegt noch Schnee auf Bergeskämmen
das Tal es liegt im Morgenlicht,
der Enzian blüht an seinen Hängen
der blaue Himmel spiegelt sich.

Wie still liegt hier der See vor Ort
wie frisch ist diese Morgenzeit,
die Nebelfelder sind längst fort
und Vogelzwitschern mein Geleit.

Der Weg führt rings mich um den See
und Enten schwimmen froh und munter,
sie brüten hier ganz in der Näh,
sie tauchen auf und tauchen unter.

Bin oft gegangen diesen Weg,
stand oft im See, im kühlen Nass.
Hab Halt gemacht an manchem Steg
und hab gesessen hier im Gras.

Wieder lausch ich unentwegt
der Stille, die mich warm umgibt,
die meine Sinne zart belebt
und Raum für neue Träume gibt.

Ich komme wieder, lass dich nimmer,
so denk ich voller Wanderglück
und lass den See im Seidenschimmer
in seiner Stille nun zurück.

© Marlis Daneyko

Juli

Heiße Nächte

Eine heiße Nacht

Ganz leise klingt Musik,
Kaffeeduft um halbacht.
Ich strecke meine Glieder,
bin gerade aufgewacht.

Mein Blick geht hin zum Fenster,
die Sonne draußen lacht.
Heut wird es wieder heiß,
doch heißer war die Nacht.

Hast mich umworben, mich berührt
ein immer wieder neu beginnen.
Hab deine Lust auf meiner Haut gespürt
ich war stundenlang von Sinnen.

Dann war der Höhepunkt gekommen
zu meinem großen Glücke.
Ich machte Licht, schlug herzhaft zu
Jetzt reicht es mir, du unverschämte Mücke.

© Marlis Daneyko

Am Seerosenteich

Seerosen in meinem Teich,
Gräser die im Wind sich wiegen.
Sonne streichelt sanft und weich,
Libellen übers Wasser fliegen.

Wasser fließt so leicht dahin,
zieht eine Wellenbahn.
Wolken spiegeln sich darin,
fangen zu tanzen an.

Flügelschlag in blauer Luft,
ein Bienchen summt vorüber,
findet seinen Blütenduft,
setzt sich darauf nieder.

Stille hier an diesem Ort,
nur Fischlein schwimmen munter,
hin und her in einem fort,
tauchen ein und tauchen unter.

Zu gehen ist es für mich Zeit
bin erfüllt von dieser Ruh,
habe lange hier verweilt
und hörte gern der Stille zu.

© Marlis Daneyko

August

Sommerfest

August

Du Monat, der die letzten Sommertage spinnt,
über Deine goldenen Felder rauscht der Wind,
um des Sommers Abschied zu verkünden.

Deine helle Sonne grüßt mit warmen Schein,
der fleißige Bauer fährt die reife Ernte ein,
Schatten spenden noch die grünen Linden.

Der endende Sommer zeigt auf weiter Flur,
nun schon des nahen Herbstes bunte Spur,
er wird sich bald auch hier einfinden.

© Hano

Sternstunden

Vorwort:

Man sagt doch immer, man soll sich Dinge von der Seele schreiben, das helfe. Kürzlich wurde ich von einem Kollegen gefragt: "Sag mal, schreibst Du eigentlich nicht mehr?" Nun ja, wenn man nichts mehr erlebt, worüber sollte man denn schreiben? Und die Fantasie ist mir in letzter Zeit auch ziemlich abhandengekommen. Jetzt versuche ich es wieder einmal, kann ja sein, dass ich wieder einmal eine nette Geschichte schreiben kann.

Ein Tag im April, ich stehe am PC und mache meine täglichen Arbeiten, das Telefon schellt. Eine Kollegin meiner ehemaligen Musikgesellschaft ist dran: "Würdest Du ein Ständchen dirigieren? Wir benötigen Dich dringend, weil der Dirigent nicht da ist!" Zuerst weiß ich nicht so recht was sagen, denn immerhin ist es schon 2 Jahre her, seit ich das letzte Mal einen Taktstock in der Hand hielt. Dann aber sage ich natürlich zu, erstens habe ich versprochen einzuspringen, wenn Not am Mann ist. Zweitens freut es mich, dass ich überhaupt noch gebraucht werde. Eine Probe mit denen, welche dann am Ständchen da sind, wird abgesprochen und am Tag darauf erhalte ich auch bereits die Direktionsstimmen zum Üben. Nun habe ich fast 14 Tage Zeit, mich wieder einzufuchsen, was ich auch ergiebig tue. Der Tag der Probe, vor dem großen

Auftritt kommt und ich habe mal wieder Lampenfieber vom Feinsten! Funktioniert alles Bestens, wie früher, das Lampenfieber ist dann am Sonntag etwas weniger, als es zum Auftritt geht. Strahlender Sonnentag, aber kalt wie im Dezember, ich trage sogar einen wollenen Winterpullover. Der Wind geht auch sehr stark und so müssen mir dann einige Kollegen mit Klammern aushelfen, damit es mir nicht dauernd die Stimmen davon weht. In einem sehr anspruchsvollen Stück wendet mir der Wind prompt die Seite und ich muss nach Gefühl und auswendig dirigieren. Alles gut gegangen, meine Leute können es immer noch, auch wenn der Dirigent grade etwas unsicher ist. Ich bin stolz auf Sie, auch Sie auf mich! Pünktlich 2 Minuten vor Schluss, beginnt es, wie vom Wetter Radar angekündigt zu schneien, echt großartig. Klatschnass, aber glücklich und zufrieden, räumen wir zusammen, um uns den wohlverdienten Apero zu gönnen. Am schönsten war aber, dass wir die Jubilarin 98 Jahre alt, glücklich und zufrieden machen konnten. Glückstrahlende Gesichter von Jubilarin und Gästen sind für uns der schönste Lohn.

Episode 2

(ca. 3 Monate später)

Ein Tag im Juni wieder klingelt das Telefon. Wieder meine Musikkollegin: "Du sag mal, hättest Du

Lust, an unserem Abschluss, bevor die langen Sommerferien beginnen, uns zu dirigieren?" Diesmal brauchte ich nicht solange, um ja zu sagen, vor allem weil der Vorschlag der Kollegen, selbst vom Dirigenten, nominiert wurde. Am 5. Juli ist es soweit, muss selbst fahren, da mein sonstiger Chauffeur anderweitig beschäftigt ist. Frühzeitig und entsprechend nervös, fahre ich los, um ja noch einen guten Parkplatz im Waldhaus zu bekommen. Obwohl 1/2 Std. zu früh, sind schon eine Menge Kollegen/innen da. Werde freudig begrüßt, was ich fast ungewohnt finde, dachte eher, man sei nicht so erfreut. Der Abschlussabend vor den großen Ferien wird von denjenigen getragen, die ein Jubiläum, oder einen geraden Geburtstag haben. Zusammen Feiern kostet bekanntlich weniger, als wenn es einer allein macht. Bis um 19:30 trudeln immer mehr Leute ein, die Aussenumgebung ist sehr bald mit vielen Leuten belegt. Getränke werden serviert, Gelächter und angeregtes Geplauder erfüllt die Luft. Es wird so richtig gemütlich, bis meine Freundin Monika bei mir erscheint und sagt: "So Chef, sprich ein Machtwort zum Ehrenständchen, bevor alle besoffen sind!" Dem komme ich nach und traue meinen Augen kaum! Bei der Aufstellung habe ich so viele Leute vor mir, welche die Musik eigentlich gar nicht mehr offiziell hat, gab Zeiten, da waren wir 50 Leute! Als einziger sitzt noch unser Fähnrich zum Zuhören am Tisch, alle übrigen Kollegen, wollen mitspielen. Ca. 40 Leute, aus verschiedenen Musikgesellschaften, eben Freunde die uns immer wieder aushelfen. Nach 2 Jahren Abstinenz, auch bei den Sozialkontakten, war dies einer der schönsten Abende, den ich seit langer Zeit wieder einmal hatte.

Essen, trinken, fröhlich sein, das fehlt mir halt manchmal ungemein!

© Gabriella Dietrich

Sommerabend

Duft geschwängert ist die Luft, voller Wärme diese
Stunde,
still spazier ich durch den Garten zu der abendli-
chen Runde.
Eine Amsel auf der Tanne flötet freudevoll ihr
Lied,
das mit seinem Wohlgesang in den Abendhimmel
zieht.
Eine Bank dort bei der Kirsche ladet mich zu blei-
ben ein,
pfeilschnell segeln Fledermäuse in die Dämmerung
hinein.
Abendstille, nur die Grillen zirpen durch die Som-
mernacht,
im Gebüsch ein Glühwürmchen hat sein Licht
schon angemacht.
Und der warme Abend hüllt mich, wie in einen
Mantel ein,
träumend schau ich in die Ferne, nichts kann jetzt
noch schöner sein.
Dort am Himmel helle Sterne, wünschen eine gute
Nacht
und der Mann im Mond er lächelt, schlaft, ich halte
für euch Wacht.

© Marlis Daneyko

September

Septemberleuchten

September reicht dem Herbst die Hand

Und überall hat leises Ahnen,
sich doch längst schon angebahnt,
das Jahr hisst wieder neue Fahnen,
September reicht dem Herbst die Hand.

Text und Bild © Sabine Müller

Im Zauber dieses Augenblicks

Seht, wie Auroras Wangen glühen,
an dem Morgen, dem recht frühen,
wenn sie Apollon jetzt begrüßt,
der mit viel Liebe, zart und sacht
die Sternentränen letzter Nacht,
die wie tausend Diamanten,
glanzvoll als Morgentau nun prangen,
von den Blütenblättern küsst.

Der Zauber dieses Augenblicks,
der so faszinierend ist,
wenn Auroras Wangen glühen,
lässt wunderschön den Tag erblühen.

© Sabine Müller

Septemberleuchten

© Sabine Brauer

Oktober

Goldener Oktober

Hallo Oktober

Wie schön, dass ich dich gefunden.
Suche den Herbst der schönen Stunden.
Jemand sagte mir, nur du allein
sollst der Meister aller Herbste sein.

Du schmückest in vollendeter Bravour,
mit den schönsten Farben die Natur.
Verwöhnest meine Blicke, für und für,
in deiner unnachahmlichen Manier.

Nur eines noch, es wäre fein
könnte die Sonne oft Gast bei dir sein.
Dann wärest du, ganz unbenommen,
uns allen wirklich sehr willkommen.

© Hano

Hohe Kunst

Ein Jahr neigt sich nun dem Ende,
jedoch es ist noch nicht so weit.
Ein Monat müht sich noch behände,
der Natur zu schmeicheln, bevor es schneit

Er hat die Sonn als Freund gewonnen,
sie bewundert ihn wie bunt er malt.
Wie jedes neue Bild das er begonnen
in ihrem Lichterschein besonders strahlt.

Mir scheint, es wollt mit diesen Gebärden,
uns der Oktober seine Gunst erweisen.
Das Vergehen wie auch alles Werden,
als der Schöpfung hohe Kunst zu preisen.

© Hano

Goldener Oktober

In jedem Jahr kommst du daher,
bist beladen, Früchte schwer,
wir freuen uns ob dieser Sachen,
die uns immer Freude machen.

Weinselig glücklich sind wir dann,
klopfst du an uns're Türe an.
Mit Oktobersonnenschein im Herzen,
können wir lachen oder scherzen.

Bleib uns erhalten jedes Jahr,
das finden wir dann wunderbar.
Wir öffnen dir auch jeden Garten,
können es schon kaum erwarten.

Bist wie das Christkind, gern geseh'n,
so soll es jedes Jahr gescheh'n.

© Günter Weschke

Hast du schon?

Hast du in diesem Jahr schon geerntet?
Ach so, du hast keinen Garten
und Obst und Kartoffeln baust du nicht an.
Ja dann…

Hast du in diesem Jahr schon gesät?
Ach ja, du hast keinen Garten
und jetzt ist es sowieso schon zu spät!
Wie schade…

Ich habe in diesem Jahr schon geerntet!
Aus dem Garten des Lebens,
Herzlichkeit, Geduld und ganz viel Liebe.
Gott sei Dank dafür.

© Sabine Brauer

Erntedank

Oktober ist's und Sonntag auch,
da ist's beim Ersten bei uns Brauch,
dass Kräftige und auch die Schlanken
für ihr Essen sich bedanken.

In den Kirchen am Altar
legt man heut' die Gaben dar,
die der Herr uns hat gegeben,
für ein sorgenfreies Leben,
und man singt aus vollen Kehlen,
es möge Keinem etwas fehlen.

Mancherorts sieht man auch liegen,
Erntegaben ganz gediegen,
zu schönen Bildern ausgelegt,
was so manches Herz bewegt.

Wer nichts hat damit am Hut,
dem tut das Danken trotzdem gut,
denn niemand tat etwas dafür,
wenn offen ihm des Glückes Tür,
und dass in unserem reichen Land
damals seine Wiege stand.

© Roland Rothfuß

Goldener Oktober

Herzlich willkommen, du holder Oktober, du Monat der Ernte, des Schenkens deiner Früchte, die wir gerne, dank unserer Arbeit, in Empfang nehmen dürfen. Du bist zwar auch nur e i n Monat des Jahres, aber du hast die wichtige Aufgabe, die Wochen des Sommers vor den kommenden Wochen des Winters zu trennen. Oft ist es dir sogar schon gelungen, die nahende kalte Jahreszeit, nach hinten zu verdrängen, dann nämlich, wenn du noch so viel Kraft hattest, der Sonne noch eine Tür zu öffnen, damit auch im November, warmer Sonnenschein unsere Herzen und Seelen erfreuen konnte. Aber mach es so, wie du es kannst. Von dir erwarten wir wieder recht viele Sonnentage, fröhliche Erntedankfeste, dankbare Menschen genießen deine Güte und deine Gaben. Sie werden dir mit ihren Tänzen zeigen, wie glücklich sie sind, glücklich über deine Ankunft. Goldener Herbst, gib uns die Kraft, des Winters frostigen Atem zu überstehen. Wir sehen mit klopfenden Herzen dem Frühling entgegen, sind erwartungsvoll auf den kommenden Sommer und wir erwarten danach D I C H du Goldener Oktober.

© Günter Weschke

Deko im Hut

© Sabine Brauer

November

Geschichten am Kamin

Novemberliches

Und wieder spiegelt sich das Licht,
in herbstlich buntem warmem Glanz.
Beim Blätterleichten Wirbeltanz,
es sich in allen Farben bricht.

Schön zeigt er sich, doch er wird schwinden,
mit seines Duftes letztem Gruß,
der bald dem Winter weichen muss.
Wie's weitergeht? Das wird sich finden.

© Barbara Kopf

November

Friedhofsstimmung, nass und kalt,
Nebel klebt an Baum und Zaun,
Menschen, meisten schon sehr alt,
stehen zwischen Zeit und Raum.

Modrigkeit auf glitschigen Stufen,
Spinnennetze, wie Tücher so nass,
schaurig klingt des Uhus Rufen,
schwarze Schatten, welkes Gras.

Novemberlicht ist Kerzenschein,
der über triste Gräber schwebt.
Nebelschwaden hüllen ein,
was nicht mehr ist, was nicht mehr lebt.

© Günter Weschke

Im November

Autoscheiben, die des Nachts beschlagen,
Morgennebel, die das Land bedecken,
Sonnenstrahlen, die keine Wärme tragen,
Weißer Reif auf Gräsern und auf Hecken.

Selbst der reife Wein am Bergeshang,
zeigt sich herbstlich schmückend bunt.
Die Natur in ihrem steten Farbendrang,
leuchtet hell im weiten Rund.

Auch den Wanderer in der Heide,
erfreut die schöne Farbenpracht.
Ihn begeistert diese Augenweide,
als wäre alles nur für ihn gemacht.

© Hano

Vollmond

Lisa hat die belebte Straße in Richtung Marx hinter sich gelassen und nimmt die Abkürzung durch den Heseler Wald. Hell steht der Mond am Himmel und erleuchtet ihr den Weg. Sie saugt die würzige klare kalte Luft ganz tief in ihre Lungen, genießt die Stille des Augenblicks und schreitet hurtig voran. Eine halbe Stunde Fußweg, durch den nun langsam dunkler werdenden Forst liegt vor ihr.

Es ist schon einige Jahre her, dass die Frau in mittleren Jahren diese Strecke vor sich hatte. Irgendwie wirkt alles auf einmal so fremd und eigenartig. „Lisa Kleinschmidt, nun nimm dich mal zusammen. Was ist denn mit dir los? Hast du etwa die falsche Richtung eingeschlagen? Das hätte mir gerade noch gefehlt, wo ich immer so damit prahle, was für ei-

nen ausgezeichneten Orientierungssinn ich habe.
Nicht auszudenken, wenn Egon das erfährt. Der
schmiert mir das jahrelang aufs Butterbrot. Der
braucht den Mund nun wirklich nicht aufreißen.
Ich halte ihm ja auch nicht ständig vor, dass er vor
zehn Jahren auf dem Weihnachtsmarkt in Olden-
burg sein Auto nicht finden konnte. Na ja, so ab
und an stichle ich ja schon ganz gerne. Oder da-
mals, im Urlaub im Gebirge. Die halbe Nacht ist er
herumgeirrt, bis er im Morgengrauen endlich unse-
re Pension wiedergefunden hat. Hihi, wie gut, dass
ich mir mit den Kindern einen schönen Abend ge-
macht habe und diese Mordstour nicht mitzuerle-
ben brauchte. Aber dann, als die Kleinen im Bett
waren und es immer später wurde, da habe ich mir
doch Sorgen gemacht. So sinniert Lisa vor sich hin,
um ihre Furcht zu unterdrücken. Laut singt sie jetzt
ein Lied nach dem anderen, bis ihr zu ihrem Leid-
wesen lauter dumme Schlager aus ihrer Kinderzeit
in den Kopf kommen. Ein kalter Schauer läuft ihr
über den Rücken. "Hinter ihnen geht einer, hinter
ihnen steht einer, dreh'n sie sich nicht um. Tun Sie
lieber gar nichts, tun sie so als war nichts, stellen sie
sich dumm." Ein Mann der eine Frau verfolgt und
das nicht ohne Grund. Vielleicht ruft er gleich:
"Hände hoch!" und küsst sie auf den Mund. Wenn
hier jetzt so ein Kerl hinter ihr her ist? Nur bei ei-
nem Kuss wird es nicht bleiben. Ach, die Ärmste
malt sich in ihrer Fantasie die grausigsten Szenarien
aus. Wie wird man sie finden? Vergewaltigt, ermor-
det und zerstückelt.... o nein, nicht dieses Lied auch

noch. Lisa hält sich die Ohren zu, doch das Gehirn hat seinen Spaß ihr auch den Mackie Messer und den Menschenfresser Harmann vor Augen zu führen. „Warte, warte nur ein Weilchen, bald kommt Harmann auch zu dir. Mit dem kleinen Hackebeilchen, macht er Hackefleisch aus dir…" Keuchend und heulend stolpert die in Panik geratene Frau durch den finsteren Wald. Nur durch die Baumwipfel ist der Mond noch zu sehen. Doch die dichten Bäume schlucken das Licht.

Was war das? Schreit da nicht ein Baby herzzerreißend? Wie kommt es hierher? „Lieschen, du musst jetzt tapfer sein, und dem Kleinen helfen. Alles wird gut, du wirst schon sehen, gleich bist du da." O, wie schrecklich wehleidig es tönt. Hier muss es sein. „Miau!", schreit ein verschreckter dicker Kater und springt aus dem Gebüsch. Lisa stößt einen spitzen, langen, lauten Schrei aus und fängt dann erleichtert an zu lachen. Es war nur Katzenliebesgejammer. Sie schaut auf und sieht in der Nähe Licht. Da kommt Egon ihr völlig aus der Puste entgegen. „Liebchen, wo warst du so lange, ich habe mir schon große Sorgen um dich gemacht. Wie kannst du im Dunkeln ohne Lampe durch den Wald latschen? Am liebsten würde ich dich übers Knie legen, du unvernünftiges Frauenzimmer!" Dabei hält er sie überglücklich im Arm. Sie kuschelt sich an ihn, fühlt sich bei ihm geborgen und streichelt zärtlich seinen Rücken.

© Sabine Brauer, 18.02.2017

Dezember

Weihnachten bei uns zu Haus

Weihnachtsglitzern

Ein Weihnachtsglitzern in den Herzen
und Funken sprühen Wunderkerzen,
mit Sehnsucht nach dem alten Glück,
als engelsgleich die Rauschgoldwesen
und Großmama uns vorgelesen.
Den Friedensklängen der Musik,
in stillen Nächten dankbar lauschen
und Waffen gegen Sterne tauschen.

© Greta Hennen

Weihnachten

Eine alte Frau erzählt

Und wieder steht ein Weihnachten vor unserer Tür und wir freuen uns darauf wie früher. Viele, aller Arten, habe ich schon erlebt, trotz allem, das Thema ist das gleiche Wunder geblieben. Inzwischen bin ich eine alte Frau geworden, aber die Weihnachtszeit ist mir immer noch eine Freude. Es ein wunderbares Fest, das Schönste im Jahr, genau, wie zu meiner Kinderzeit. Allerdings ist es heute sehr verschieden zu damals. Denn in jenen fernen, längst vergangenen Zeiten, gab es noch keinen Überfluss, vor allem im Krieg und in der Nachkriegszeit. Da war Weihnachten noch ein stilles Fest, nicht so laut und bunt, wie es jetzt ist.

Geschmückte Tannenbäume wurden erst am Heiligen Abend aufgestellt, da die Kinder sie erst bei der Bescherung sehen durften. Er wurde vom Christkind mitgebracht. Keine Straßen oder Häuser waren üppig geschmückt. Allenfalls gab es in den Fenstern einen Tannenzweig mit einem gebastelten Stern und ein Licht. Aber auch das war im Krieg verboten, wegen der Verdunkelung, um kein Ziel für die Bomber abzugeben. Allerdings hatten wir immer einen geschmückten Tannenbaum, ob zu Hause oder dort wohin man uns evakuiert hatte. Als Festessen gab es einfach, was da war, oder manchmal, was Vater eventuell gehamstert und eingetauscht hatte. Zum Beispiel brachte er einmal eine Biberratte aus einer Pelzzucht. Ich kann sagen sie schmeckte gut, wenn man, wie wir Kinder, die orangegelben Zähne nicht sehen musste. Doch unsere Mutter konnte nichts von dem Tier essen. Ihr verhagelte es den Appetit, sie kam über die Vorstellung des Anblicks der Zähne nicht hinweg.

Manchmal aber wurde ein selbst gezogenes Kaninchen geschlachtet. Richtigerweise muss ich gestehen, dass es nicht selbst geschlachtet war, das konnten die Eltern, eingefleischte Städter, nicht über sich bringen. Da musste eben jemand anderer herhalten, der dafür etwas von dem Fleisch abbekam. In jenen Zeiten gab es immer mehr Flugzeugangriffe und weniger zu Essen, da hielt der Hunger trotz aller Bescheidenheit bei uns Einzug. Für unsere Mutter und die Mütter allgemein, muss es ein Kunststück gewesen sein, ihre Kinder satt zu kriegen. Ich bewundere sie von ganzem Herzen. Lasst uns dankbar dafür sein, dass wir das alles überstanden haben, und derer gedenken, die es weniger gut hatten als wir, und überall in der Welt, sogar heute noch. Sie müssen darben und um ihr und das Leben ihrer Kinder fürchten. Aber auch nach dem Krieg dauerte es, bis es besser wurde, im Gegenteil, da war es erst richtig mau. Eines unserer frugalen Menüs bestand aus getrockneten Kartoffeln, von Amerika gespendet - die heute kein Mensch mehr kennt - und meistens Kohl, oder auch nur aus den getrockneten Kartoffeln, als Kartoffelbrei aus Magermilch. Alles war äußerst fettarm, doch es vertrieb den Hunger. Plätzchen gab es nur ein paar Wenige zu Weihnachten oder keine. Mutter erbrachte Kunststücke, um wenigstens ein paar Kekse zu haben.

Geschenke bekamen wir jedoch immer. Nur waren die im Krieg und in der Nachkriegszeit sehr bescheiden, nicht so üppig wie heute. Zum Beispiel: Unser Kaufladen wurde neu gestrichen, hergerichtet und mit irgendetwas befüllt. Die kaputte Puppe wurde repariert und wir und die Puppe bekamen ein neues Kleid. Das heißt für uns manchmal ein schon Getragenes, weil es, wo es herkam, keinem Kind mehr passte, oder dass Mutter aus einem von ihrem getragenen Kleidungsstück etwas für eine ihrer vier Töchter schneiderte. Da hatte sie es bei meinen Geschwistern leicht, es wurde einfach umgestiegen sobald etwas zu klein wurde. Für mich, die älteste musste aus irgendetwas, irgendwie geschneidert werden. Hin und wieder hatten die Eltern bei jemandem gebrauchte Bauklötze und Spielsachen aufgetrieben. Meistens wurden die Sachen, gegen etwas eingetauscht. Kaum zu glauben wie erfindungsreich wir waren. Aus allem wurden Geschenke gebastelt. Aus Leder und Stoffresten machten wir Blumen zum Anstecken und Etuis oder Schuhoberteile für die Holzsohlen, die überall angeboten wurden. Ich wurde gerade zu eine Künstlerin darin, nur die Nägel, mit denen wir das Oberteil am Holz der Sohle befestigten hielten, nicht. Es konnte passieren, dass einem der Schuh vom Fuß fiel. Aus Sperrholzresten entstanden Laubsägearbeiten und aus sonstigen Resten, was uns eben einfiel. Alte Pullover wurden aufgeribbelt und Neue, mit lauter Knoten und Fäden auf der Innenseite gestrickt.

Dennoch war es immer ein schönes Fest, an dem gemeinsam gesungen und gelacht wurde. Hauptsache, wir waren alle noch beieinander und konnten uns freuen, dass wir am Leben waren. Besonders köstlich war es, wenn Mutter für die Feiertage ein paar von den mageren Plätzchen gebacken hatte. Das war wahrlich ein Höhepunkt. Deshalb fanden wir es nach der schlimmsten Zeit wunderbar, als unsre Mutter wieder richtig gute Plätzchen backen konnte und die erste Linzertorte, ein traditionelles Weihnachtsgebäck aus Nüssen mit weihnachtlichen Gewürzen und Schokolade, in Baden Tradition, schmeckte, wie das Köstlichste auf der ganzen Welt. Das war die Krönung des Festes.
Seitdem wurde Weihnachten von Jahr zu Jahr üppiger, süßer und lauter. Es gibt zu kaufen, was das Herz begehrt, vorausgesetzt das Geld dazu ist vorhanden, was bei Weitem, viele noch immer nicht haben. Wir wissen aber, dass auch Bescheidenes den Kindern, eine große Freude machen kann. Dennoch können sich die meisten der Kinder heute, kaum vorstellen, wie es damals war.

© Barbara Kopf

Wann ist Weihnachten?

Fröhlich klingen Weihnachtslieder
durch die kalte Winterluft,
schwadengleich schwebt hier nun wieder
Lebkuchen- und Glühweinduft.

Viele Menschen sind beisammen,
laben sich im Weihnachtsschmaus,
strahlend mahnt der Kerzen Flammen:
Friede sei in jedem Haus.

Hört man Weihnachtslieder singen
und man sieht den Kerzenschein,
wär' es schön, sich zu besinnen,
auch die Ärmsten zu erfreu'n.

Erst, wenn Friedenslicht kann dringen,
warm in Menschenherzen ein,
kann Barmherzigkeit gelingen,
dann erst wird Weihnachten sein.

© Roland Rothfuß

Das Bild des Jahres

Eine neutrale Jury bewertet jeden Monat, fünf eingereichte Bilder/Fotos aus dem Fundus der Mitglieder des intern. Literatur u. Künstlerforum Garten der Poesie www.garten-der-poesie.de
Eines dieser fünf Werke wird zum Bild des Monats gekürt und der Künstler erhält eine Urkunde. Aus den Monatswerken können die Mitglieder des Forums das Werk des Jahres wählen.
Das Bild des Jahres 2019 trägt den Titel:
„IM ZAUBERWALD" und stammt von
MARLIS DANEYKO

© Marlis Daneyko

In Memoriam

Marlis Margarete Daneyko
23.Mai 1943 – 11.Oktober 2019

Wir gedenken Marlis Margarete Daneyko, die am
11.Oktober 2019 von uns gegangen ist.
Sie war ein treues Mitglied unseres Forums.
Sie war eine Säule unserer Gemeinschaft.
Sie war ein liebenswerter Mensch, hilfsbereit und herzlich.
Sie war eine Autorin, die mit Worten spielen konnte. Sie gab
Einblicke in ihre Seele und sie schuf Werke mit Tiefgang
aber auch mit hoffnungsvollen und fröhlichen Elementen.
Auch dieser Jahresband gibt einen Ausschnitt ihres Schaf-
fens wieder.
Sie bleibt für uns unvergessen.

Wandlung
„Ich war eine Raupe",
sagte der schöne Schmetterling,
von meiner Wandlung wusste ich nicht.
„Ich war ein Mensch",
sagte die kleine Seele
Und flog ins Licht.
© Marlis Daneyko

Aufgaben und Ziele für das intern.Literatur- und Künstlerforum Garten der Poesie

Liebe Kunstfreunde!

Sie lieben Konzerte, gute Texte, Malerei und Fotografie? Und sind auf der Suche nach Gleichgesinnten? Dann möchten wir Ihnen unseren "Garten der Poesie" vorstellen. Ein Internet-Forum, das Künstler aus acht Ländern vereint. Ein Forum für Menschen, die kreativ sind und ihre Begabung mit anderen teilen wollen.

Die Geschichte

2006 hatte Bernd Rosarius, der Gründer des Literatur- und Kunstforums, eine Idee: Künstlerisch tätige Menschen sollten sich vernetzen können. Wer im stillen Kämmerlein Gedichte schreibt, auf Reisen Fotos von großer emotionaler Tiefe schießt, oder sich - auf welche Art auch immer - die Welt auf kreative Weise erschließt, muss mit Gleichgesinnten in Kontakt treten können.

Und heutzutage?

Mittlerweile präsentieren 50 Mitglieder aus unterschiedlichen Ländern ihre Werke im Internet. Es ist ein lebendiges Forum entstanden, das zu Gespräch und Austausch einlädt. Freude an künstlerischem Ausdruck verbindet alle unsere Mitglieder über Städte- und Ländergrenzen hinweg. Entgegen den Gesetzen von Wettbewerb und Verdrängung in der gegenwärtigen Berufswelt geht es dem "Garten der

Poesie" um Interesse für das, was künstlerische Menschen bewegt. Dabei begegnen wir uns nicht nur im Internet, sondern auch auf Lesungen und bei regelmäßigen Events. "Poesie ist Wahrheit, die in Schönheit wohnt": Dieser Ausspruch des schottischen Dichters Robert Gilfillan ist unser Motto. Fühlen Sie sich angesprochen? Liegen ungelesene Gedichte und fertige Kurzgeschichten in Ihrer Schublade? Schreiben Sie gerade an einem Internet-Roman oder arbeiten an einem Ölgemälde? Es gibt so viele Möglichkeiten, sich künstlerisch auszudrücken. Doch häufig fehlt es an Zeit, andere kreative Menschen zu finden oder auf entsprechende Veranstaltungen zu gehen. Mit dem "Garten der Poesie" haben Sie ein Kunstforum gefunden, das alle Begeisterten gleichermaßen willkommen heißt und jedem die Möglichkeit gibt, an die Öffentlichkeit zu treten. So können Sie jederzeit Ihr Epos bei uns publizieren und ebenso mit anderen Autoren einen Sammelband verfassen.

Gibt es ein Auswahlverfahren?

Nein! Wir freuen uns über jeden Autor und jede Autorin. Egal, ob Sie schon viele Bücher geschrieben haben oder gerade an Ihrem ersten Gedichtband sitzen. Ebenso zählen wir auch Komponisten und Musiker zu unseren Mitgliedern. Die Mitgliedschaft ist übrigens kostenlos - einfach einloggen und loslegen! Wer sich zunächst unverbindlich ein Bild von unseren Aktivitäten machen möchte, ist als Besucher gleichermaßen willkommen. Auf unserer Webseite mit dem Logo einer aufgeblühten Rose verschaffen Sie sich leicht einen Überblick. Klicken Sie sich durch: Lesen Sie veröffentlichte Kurzgeschichten, lassen Sie sich auf eine anregende Fotoreise mitnehmen oder studieren Sie unseren Veranstaltungskalender.

Sie werden überrascht sein, was wir in zehn Jahren an unterschiedlichen Kunstfeldern erschlossen haben. Denn wir sind sicher: Kunst braucht Vernetzung. Gerade in Zeiten der Globalisierung. Im gemeinsamen Nachdenken und künstlerischen Schaffen, in Diskussion und Reflexion bauen wir an dieser Welt mit. So, wie sich der griechische Philosoph Epikur vor über 2000 Jahren mit seinen Schülern zum philosophischen Diskurs in einem Garten traf, treffen wir uns heutzutage im Internet.

Und ganz aktuell finden Sie uns sogar mit einem eigenen Stand auf der Leipziger Buchmesse 2017! Wir freuen uns jederzeit über Ihr Interesse: ob persönlich oder im Netz!

6,90 €
Paperback
88 Seiten
ISBN-13: 9783743195820

6,90 €
Paperback
84 Seiten
ISBN-13: 9783746069036

7,90 €
Paperback
100 Seiten

ISBN-13: 9783748192336